Hugo Ramnek
Kettenkarussell

Wieser Verlag
A-9020 Klagenfurt/Celovec
Ebentaler Straße 34b
Telefon +43(0)463 37036
Fax +43(0)463 37635
office@wieser-verlag.com
www.wieser-verlag.com

Copyright © 2012 bei Wieser Verlag GmbH
Klagenfurt/Celovec

Copyright © der Werner-Berg-Skizzen bei
Künstlerischem Nachlass Werner Berg
A-9100 Völkermarkt

Alle Rechte dieser Ausgabe vorbehalten
Lektorat: Gerhard Maierhofer
Cover- und Buchgestaltung: Gottfried Moritz

ISBN 978-3-99029-041-5

Hugo Ramnek
Kettenkarussell

Wieser *Verlag*

Die Herausgabe dieses Buches haben ermöglicht:

Franz Wohlfahrt, Vorstandsvorsitzender der NOVOMATIC AG
Kultur des Landes Kärnten
Stadtgemeinde Bleiburg/Pliberk
Buchhandlung Magnet

Die Patenschaft übernimmt:
Lebzelterei Stöckl, Gottfried und Gerhild Stöckl,
Bleiburg/Pliberk

Unser besonderer Dank gilt Dr. Harald Scheicher!

Der erste Wagen ist auf der Wiese! Seit der kleine Albino ihm die Worte zugerufen hat, gibt die Kellerechse keine Ruhe mehr. Ein Fort wächst heran außerhalb des Mäuerchens, das einst Stadtwall war. Er will nur mehr eines: hinaus auf die Wiese, wo sich Marktstände und Festzelte und Spaßbahnen ausbreiten, wo Lastwagen und Traktoren, Fahrende und Tagelöhner, Wirte und Vereine mit Zelten und Buden und der allgegenwärtige Marktmeister einen Traum aus Kulissen aufbauen, nüchtern und ohne Hast. Wie vor einem Wunder stehen die Kleinstädter und staunen, was tagsüber und doch wie über Nacht hinzugekommen ist.

    Drei Tage vor Festbeginn rollt die Tierschau an. Die Echse fiebert. Das halbe Städtchen schaut zu, wie die Wiesenstadt ihr Urwaldreservat bekommt. Auch vom Dorf auf der anderen Seite der Wiese strömen Menschen herbei. Auf dem Weg zur Tierschau begegnet er der Mutter des Albinos. Während sie sein Zimmer macht, singt sie slowenische Lieder. Das Kellertier hinterlässt nachts Spuren. Hat die Aufräumerin etwas bemerkt? Die Eltern dürfen davon nichts ahnen. Er grüßt und wird rot. Zwei Mädchen aus seiner Klasse stehen kichernd bei einem Wärter, eine Schlange windet sich um den Arm mit dem tätowierten Bikinigirl. Er ruft ihnen zu, für sie ist er Luft. Die Wildnis ist im Käfig und schläfrig. Neben ihm taucht der Albino auf und raunt ihm die Worte zu, welche der Ausrufer während der Festtage durch das Megafon plärren wird: *Das älteste Krokodil der Welt.* Auf der anderen Seite steht ein Mädchen aus dem Dorf. Er kennt sie vom Sehen. Durch die Gitter schaut sie ihn an und lächelt. Ihr rechter Vorderzahn ist schief über den linken geschoben, nur ein wenig. Die Kellerechse zittert. Er lächelt. Die Kellerechse züngelt. Er bleibt stumm, schaut weg. Inmitten der Wildtierdünste streift ihn ein seltsam vertrauter Geruch, und bevor er herausfinden kann, wo der herkommt, wird er ruppig zur Seite geschoben, ein Arbeiter führt ein filziges Dromedar mit schlaffem Höcker vorbei, gefolgt von einem Haufen kreischender Kinder.

    Sie ist fort, vor ihm das Krokodil. Es liegt da in seiner langen, feistschlangigen Schuppigkeit und regt sich nicht. Keiner der Wiesengänger hat je gesehen, dass es sich rührte. Versteinert liegt es im Käfig und hat sogar den Tod überlebt.

8/

Wiesenmarkt-
samstag

Am Samstag ist das Feuerwerk. Alle stehen dicht gedrängt in der Allee, dem Grenzstreifen zwischen Städtchen und Wiesenstadt. Er ist allein hingegangen; sein bester Freund hat seit Kurzem eine Freundin.

Wie die erste Rakete am Himmel explodiert, lehnt das Mädchen vor ihm den Kopf an seine Brust. Stets von Neuem schießen Granaten in die Höhe, zerplatzen in der Luft mit scharfem Knallen und schweben als Allfarbenfall hernieder. Sie senkt ihren Hinterkopf auf seine Brust, schaut in das bunte Schwirren über ihr und hebt ihn wieder, sobald die Erleuchtung vorbei ist. Auch er lehnt sich an jemanden in seinem Rücken, ganz leicht nur, er spürt den männlichen Körper deutlich undeutlich, er wittert den Geruch.

Während ein Blindgänger kläglich im Nachthimmel verzicht, kriegt er einen Schlag gegen die Kniekehle und knickt fast ein. Neben ihm steht der Albinobub. Schon pfeifen neue Raketen in die Höhe und zersprengen sich elegant und rot tönend. Das Haar des Mädchens entflammt, sie lehnt sich zurück, er beugt sich über ihr gerötetes Gesicht, der schiefe Schneidezahn, die tiefen Augen, sie! Sie schauen einander an, einen Augenblick nur, er spürt ein hauchfeines Luftwirbelchen zwischen ihrem und seinem Gesicht, eine Atem- berührung, die Echse streckt sich, er sieht ein Rot, in das er sinken möchte, und schon verblassen die fallenden Farben über der Wiese, ihr Gesicht verlöscht, der Kopf hebt sich wieder weg, und nur der fremdvertraute Geruch von hinten bleibt in der Lichtlosigkeit übrig. Und wie die ganze Batterie von Schlussraketen knatternd in die Luft gejagt wird, legt sie ihren Kopf an seine Brust und lässt ihn dort ruhen, bis der Farbenhagel vorbei ist. Sie schaut in den Himmel und er in ihr Gesicht. Wieder spürt er das Luftzittern von Mund zu Mund.

Sobald der letzte Lichttropfen verglüht ist, kippt der Grenzberg in die Dunkelheit zurück und es wird für einen Moment totenstill und stockfinster in der Doppelstadt. Sein Herz pocht gegen ihr Haar und sein Kopf senkt sich wie von selber. Er ahnt ihren Atem, riecht ihr Haar. Er wird nach vorne gedrückt. Das Kellertier so nah bei ihr. Der Geruch von hinten. Die Wangen siedend heiß. Näher. Weg. Nein. Ja. Sie. Die Echse. Ja. Nein. Ja. Nicht rühren. Nicht – da tritt ihm jemand gegen die Ferse, das Klatschen setzt ein, wieder ist da dieser Geruch, und sein *Aua* mündet in ein vieltausendzüngiges Reden, welches nun aufgesaugt wird vom Traumstadtbrausen, das drei Tage und drei Nächte anhalten wird; fortgezogen, weggetrieben von ihr, steckt er schon mittendrin und frisst und säuft mit Bekannten und Unbekannten und lacht in den Zelten und fährt auf den Bahnen und wird rauschig von den Geräuschen und Gerüchen und all dem Verechsten und wittert durch die Zuckerwatte und das Sauerkraut und die Gokartabgase und durch die Wiesenfeuchtigkeit hindurch Haaratem, auf allen Bahnen und in allen Zelten, eine Ahnung bloß, eine Luftmarke, vom Kellertier erschnuppert.

All die Wiesenweile lang liegt es stumm da, das Krokodil. Als er am Gitter vorbeigeht, ragen Augenwülste aus dem Sumpf, wo Stadt, Dorf, Wiese einmal waren. Er wird von einem eisigen Luftzug in der Lärmhitze gestreift, und die Festechse weicht zurück vor dem Käfigschweigen.

Da lauert er, der Untote, der König der Wiesenstadt.

Und regiert das Treiben.

14/

Wiesenmarkt-sonntag
//

Sie lehnt am Geländer vor den großen Schaukeln. Der Platzregen ist vorbei. Die Sonne leuchtet zwischen zwei Wolkenbänken hindurch und taucht die Wiesenstadt in scharfklares Licht. Hinter ihr schwingt sich ein Paar auf der Schaukel ein. Ihr Gesicht ist gerötet und leuchtet in der Sonne. Einen Fuß hat sie aufgestellt, das vordere Bein angewinkelt, die Hände in den Jackentaschen. Aus ihrem Gesicht kommt ein Strahlen. Um sie ist der Rummel der Wiese, sie selbst bewegt sich nicht. Er steht eine Festzeltlänge entfernt. Wartet sie? Er weiß: Sie ist vom Dorf auf der anderen Seite der Wiese. Dort wohnen *die verbohrten Slowener,* wie sie im Städtchen sagen. Manchmal wendet sie den Kopf zur Seite, nur ein wenig, dann geht ein kurzes Zittern durch die braunen Locken mit dem roten Schimmer. Sonst rührt sie sich nicht. Hinter ihr schaukelt sich das Paar in die Höhe. Ihr Blick ist in die Ferne gerichtet, hin zum Grenzberg. Er hält sie fest. Sie hält ihn fest. Es ist still, mitten im Festgetriebe ist es so still. Das Kellerreptil ist hellwach, und doch – es regt sich nicht. Sie ist aus dem Dorf, er aus dem Städtchen, die Wiese liegt dazwischen. Ihre Wangen sind rot, fast fiebrig. Die Sonne ist in ihrem Gesicht. Für den Bruchteil einer Sekunde hängt das Paar verkehrt in der Luft, ein Überschlag, wie eingefroren. Dann kippt die Schaukel nach vorne. In seinem Kopf schwingt ein Wort, er kennt es aus dem Lied der Aufräumerin: *Sončice.* Oder *Sončece?* Wie Sonne im Deutschen? Im Städtchen wollen sie nicht, dass ihre Kinder die andere Sprache lernen. Für ihn ist sie nur Klang, manchmal bleibt ein Wort hängen. Sončice, murmelt er, für ihn ist *sie* Sončice. Da ist er wieder, der Geruch. Er kriegt einen Schubs. Im Taumeln hört er ein Klatschen gegen die Zeltplane und zugleich seinen Namen. Er sieht den Albinobuben beim Eingang und erst dann seine Schulfreunde. Sie ziehen ihn weg ins Zelt. Er wirft einen Blick zurück. Winkt sie? Das Paar hinter ihr steigt aus der Schaukel.

Später streift er über den Rummelplatz und sucht sie. Die Echse schnuppert und drängt vorwärts. Beim Festsitzer dreht er wieder um. Der hockt vormittags, nachmittags, abends und nachts beim Eingangszelt vor seinem Krügel, alle drei Wiesentage lang, der erste und letzte Marktgast, versunken in seine Hopfen-und-Malz-Meditation. Je länger das Feiern dauert, desto regloser wird er; nur hie und da greift seine Hand noch zum Glas. Dem Erztschecheranten mit dem nachwachsenden Schaumschnurrbart erweist er wie alle die Reverenz, doch der grüßt nicht zurück.

Nach jeder Wiesenrunde bleibt er vor dem Kettenkarussell stehen, das von fern ausschaut wie ein Riesenpilz, dessen Hut die Stände, Hütten und Buden überragt. Die Haube ist bebildert: ein Kranz von Landschaften mit Bergen, Stränden, Seen, Grachten samt Windmühlen. Der Stamm des Zauberpilzes ist ebenfalls bemalt: Engel, jünglingshaft und fast nackt, verbunden durch Blumengirlanden, vor einem Blau, aus dem da und dort Puttenköpfchen lugen. Sie alle kreiseln sich wieder und wieder in einen rasenden Himmel hinein, gemeinsam mit den Passagieren, die alles hinter sich und unter sich lassen und außer sich geraten wie das ganze Städtchen, das sich drei Tage und drei Nächte auf der Stelle dreht, ein Derwisch im weiten Festgewand.

Jetzt aber steht es, das Ringelspiel. Er bemerkt neben sich den Albino. *Der Weißhaarige ist ein Wiesenmarktkind*, behaupten sie im Städtchen. *Sein Vater hat in derselben Nacht noch eines gezeugt, vorher, mit einer von unten, die wohnt gleich hinter der Grenze.* Sie schauen hinauf

zu den Angeketteten. *Das passiert, wenn man sich nicht beherrschen kann*, hat Mutter gesagt – mit diesem Blick. Da entdeckt er sie. Ihre Beine machen Zeitlupenschritte in der Luft. Die Kellerechse zwickt, kratzt und beißt. Ein Klingeln, ähnlich einer Schulglocke, ertönt. Dann geht ein Ruck durch ihren, durch seinen, durch den Echsenkörper. Sie verschwindet zum ersten Mal hinter dem Karussellstamm und kommt wieder hervor. Ihre Wangen sind gerötet, das sieht er, bevor sie erneut fortkreist. Und zurückkreist mit ausgestreckten Beinen. Und wiederkommt mit geblähtem Rock. Und sich wegdreht und herdreht mit fliegendem Haar. Und schneller da ist und schneller fort. Und immer weitere Kreise zieht. Und zu einem braunrot wehenden Wischen und zu einer blaubauschigen Rockglocke wird. Und mit ihm schwebt über Wiese und Städtchen und Dorf, Drehschenkel, Schoßsog und Schwindelreptil, rundherum im Ringelspiel, im Ringelwindspiel, im großen Wiesenwindringelspiel.

  Plötzlich liegt er am Boden. Der Albino schaut ihn verwundert an. Er steht sogleich auf. Ein Besoffener muss ihn angerempelt haben. Und da kommt sie schon wieder, aber weniger schnell. Ihre Gestalt verwischt nicht mehr. Dem Windrock geht die Luft aus. Das Haar flattert nicht länger. Jetzt sitzt sie wieder vor ihm. Ihre Wangen sind röter als zuvor. Ein wenig schwingt sie noch nach. Sie dreht ihren Kopf, blickt ihn an. Er errötet, schaut zu Boden. Das Kellertier zittert. Wie er wieder hinschaut, windet sie sich aus dem Sitz, ihr Rock schiebt sich nach oben. Sie steigt die drei Stufen des Podests hinunter. Unschlüssig steht sie auf dem Wiesengrund. Sie geht. Da wittert er hinter sich, einen Hauch im Nacken, den vertrauten Geruch. Er blickt ihr hinterher, er geht ihr nicht nach.

Noch immer spürt er den Atem, doch er dreht sich nicht um. Er schaut ihr nach, bis er sie unter den Menschen verloren hat, und als er sich umblickt, ist da niemand, nur weiter weg der Watschenmann, der wieder eine abbekommt.

22/

Wiesenmarkt-
montag
///

Er steuert den roten Wagen mit der Nummer 3. Aus den Lautsprechern tönt *I can't get no satisfaction.* Er fährt mit vollem Karacho gegen die anderen Wagen und schreit und jauchzt und lacht beim Zusammenprall und beim Rückstoß. Der Autodromkrieger ist auf der Jagd mit seinem Kellertier, ein gnadenloser Verfolger im Wagen mit der Gummiwurst drum herum, vorangepeitscht vom Gitarrenriff seiner Autodromhymne, süchtig nach dem nächsten Zusammenstoß. Die Augenblicke, ehe er frontal mit einem Wagen zusammenkracht, in dem zwei Mädchen sitzen, ihr Kreischen, ihre aufgerissenen Augen, das Beben der Killerechse beim Zusammenprall, das Quietschen der Mädchen, nach vorne geworfen, er und sie, nach hinten geworfen, sie und er, das Sägen des Gitarrenriffs und sein Brüllen *Heyheyhey, that's what I say.* Seligkeit. Und erst jetzt beim Rückstoß schaltet er: Das Mädchen am Steuer des grünen Zehners, das ist sie! Und schon erwischt ihn einer von hinten und es schleudert ihn nach vorn und er haut sich ein Knie am Lenkrad an und es treibt ihm Tränen in die Augen und trötend ertönt die Pausenhupe und er rollt mit seinem Wagen an den Rand und aus dem Lautsprechergekröse hört er: *Rasch aussteigen!* und kurz darauf: *Flott einsteigen!* und er kriecht aus dem roten Dreier und humpelt zum Zuschauerband. Alle Jetons verbraucht, und sie bleibt im Grünen sitzen. Das Hupsignal quäkt von Neuem grell auf, die Wagen setzen sich surrend in Bewegung, er schaut dem Zehner nach. Durch das Gewirr der funkenstiebenden Elektrostangen sieht er den Albinobuben, der wie hypnotisiert in das Fahrgewimmel starrt. Kriegt der gar kein Wiesenmarktgeld? Sein Vater arbeitet nicht. *Ruiniert in einer Nacht*, sagen sie im Städtchen. *Und beim zweiten Mal hat seine Lendenkraft nur mehr für das Bleichgesicht gereicht.*

Auf einmal ein heftiger Schlag von hinten. Für einen Moment setzt alles aus in seinem Kopf. Er kippt in den abgestellten Dreier, der unbesetzt geblieben ist. Der Schläger stolpert und fällt auf ihn drauf. Sie liegen aufeinander im roten Wagen, vier Arme, vier Beine, betäubt von der Nähe des anderen, ein hilfloses Kriechtier am Rand der vibrierenden Plattform. Da ist der altvertraute Geruch, den er nie beschreiben könnte, weil er dem seinen so ähnelt.

Es ist Milan, der damals in die zweite Volksschulklasse gekommen war, ein Jahr älter als die anderen und viel größer. Er stammte von unten, einem Ort hinter dem Grenzberg. Deutsch konnte er nur schlecht. Seine Mutter war mit ihm heraufgezogen zu ihrem neuen Mann, einem Slowenen von heroben. Sie übernahmen ein Geschäft gegenüber seinem Elternhaus. *Jetzt nisten sich die Slowener noch im Ort ein*, sagte man im Städtchen. Milan hatte einen schweren, stapfenden Gang, ein schüchternes, fast mädchenhaftes Lächeln und zusammengewachsene Augenbrauen. Er war stark. Sie hatten denselben Schulweg. Nie gingen sie zusammen hin, aber immer gemeinsam zurück. Er war der Letzte, der die Hefte weggepackt, die Patschen ausgezogen und die Schuhe zugeschnürt hatte; Milan wartete. Zuhause besuchten sie einander nicht. Er hörte Milans Stimme und die fremdvertrauten Laute der Nachbarsprache, wenn er im Garten war. Auf dem Heimweg erzählte er, Milan hörte zu. Doch der konnte auch anders sein. Er schubste den Jüngeren auf dem Gehsteig herum, füßelte ihn, gab ihm Püffe und Kopfnüsse. Und auch er konnte anders sein. Dann kniff und kratzte und biss er Milan mit Worten. Einmal nahm dieser einen seiner Zockel und knallte ihn so fest auf seinen rechten

Oberarm, dass das Muster der Zockelsohle in der Haut blieb für Tage. Stolz trug er die Tätowierung; ihm war, als hätte er ein Geschenk bekommen. In der Klasse schützte der Ältere ihn, den Schnellzüngler und Stichler, der die anderen oft bis zur Weißglut reizte. Und wenn sich wer über Milan und sein Deutsch lustig machte, war er es, der ihm übers Maul fuhr.

Nach der Volksschule verloren sie sich aus den Augen. Er pendelte ins Gymnasium der Landeshauptstadt, Milan ging zurück über die Grenze. Sie begegneten sich wieder vor den Sommerferien. Er saß im Frühzug mit den anderen Gymnasiasten, wie immer im letzten Waggon. Er machte Licht. Eine verschlafene Stimme sagte: *Licht aus!* Er lachte nur und sang: *I can't get no ... satisfaction.* Der andere fluchte auf Slowenisch, stand auf und drehte das Licht wieder ab. Er sang *Oh no no no* und drehte das Licht wieder auf. *No satisfaction.* Und da erkannten sie einander. Milan lächelte sein Mädchenlächeln, er lächelte zurück und sagte, indem er sich zu den Mitschülern umdrehte: *Freilich braucht der kein Licht, der kann eh nit gscheit lesen!* Milan blieb sitzen, das Lächeln erloschen. Eine Station vor den Gymnasiasten stieg er aus.

Jetzt liegt Milan auf ihm. Er keucht: *Dein Rücken hat gelacht.* Er hört *Rieken* und *chat*. Einen Moment ist er ganz bei ihm, mit ihm, gegen ihn. Da streift der grüne Zehner den Wagen, und es ist ihm, als habe Sončice *Milan!* gerufen, und schon trötet die Hupe und da ist der Autodrombesitzer und schreit auf sie ein und sie wursteln sich aus dem Wagen und stehen benommen neben der Fahrbahn, bis das Quäken wieder ertönt, und er rennt los über die Plattform zwischen den herumkurvenden Wagen hindurch am

Zehner vorbei und Milan setzt ihm über den Rummelplatz nach zwischen den Festzelten hindurch an den Riesenschaukeln vorbei und unter den fliegenden Ringelspielsitzen hindurch die Gokartbahn entlang bis zum Watschenmann und weiterweiter um den Festsitzer herum und zurück bis zur Krapfenhütte, in die er stürmt und schreit: *Der will mich hauen!* und bleibt in der hintersten Ecke stehen. Ja, er weiß, schlagen möchte ihn Milan, zu ihm durch möchte er, gleich wird er ihn packen, hinten kann er nicht raus, da sieht er, wie sich drei Männer Milan entgegenstellen, auf ihn einreden, ihre Arme um ihn legen, deutsch reden und slowenisch, ihn aber nicht durchlassen, und Milan sieht ihn an quer durch das Zelt, das Zugabteil, er bäumt sich auf, aber sie halten den Wütenden fest, er steht hinten bei den Ölpfannen, teigbleich, und sagt nichts, und sie reden Milan nieder, der windet sich noch, schon schwächer, jemand drückt ein Glas in seine Hand, das er auf einen Sitz austrinkt, da ist eine Schwere, die Milan niederpresst, oder sind es die anderen, die ihn auf die Bank drücken, sie geben ihm das nächste Glas in die Hand, das er wieder in einem Zug leert, und er lässt den Kopf auf den Tisch sinken. Wenn Milan wieder aufblickt, das weiß er, wird er gerade noch seinen Rücken am Eingang sehen, und es wird Milan nun völlig egal sein, schwer wie ein Stein wird er sein und sitzen bleiben wird er bis zum Schluss und sie werden ihn nicht aus der Krapfenhütte herausbringen.

Ihn aber treibt es hinaus hinter die Wagen der Schausteller, welche die Mauer der Wiesenstadt bilden; dort schlagen die Ausgetretenen ihr Wasser ab, und sowie sie ihr Hosentürl zugemacht haben, überfällt sie urplötzlich eine Traurigkeit, sie schauen zu den Sternen hinauf, sie spüren die Feuchtigkeit aus der Wiese und vom nahen Bach, sie hören den Geräuschbrei wie mit Watte in den Ohren und sehen den Nachschein des Lichtergewirrs hinter sich mit verschleierten Augen, und sie ahnen die dunkle Massigkeit des Grenzbergs in der Nähe, und sie fühlen sich so seltsam auf der Welt, alles nur Kulisse, selbst das Sternendach. Es fröstelt sie und es zieht sie zurück, sie begrüßen den Lärm und das Licht wie einen alten Freund, sie sind weit weg gewesen, ausgetreten draußen im All, und jetzt sind sie wieder im Bierschiff unter Ihresgleichen und mit lautem Hallo setzen sie sich an den schwankenden Tisch.

Er ist allein. Die Kellerechse dämmert vor sich hin, ein leises Pochen unter der Haut. Es treibt ihn fort aus der Traumstadt, doch er will nicht heim. Er bleibt hängen beim Festsitzer. Als das Personal mit dem Wegräumen beginnt, hockt er immer noch dort, zusammen mit den anderen Aussitzern des Wiesenmarktmontags, die trotzig anfeiern gegen das Zusammenklappen der Tische und Bänke, gegen das Abbauen der Marktstände, gegen das Schließen der Schießbuden, gegen die letzte Zugabe der Kapelle, gegen das Abdrehen der Musik, gegen die Schlussrunde des Riesenrads, gegen das Lichterlöschen bei den Bahnen, gegen das Vertrocknen der Schnapsbude, gegen den Abbruch der Wiesenstadt. Irgendwann ist endgültig Schluss, und sie wanken zurück ins Städtchen. Schließlich ist selbst der Festsitzer verschwunden. Nur das Krokodil und die Gittertiere bleiben auf der Wiese.

In der Allee dreht er noch einmal um und geht zurück in die Kulissenstadt. Da ist noch einer, der torkelt aus der dunklen Krapfenhütte. Er schaut dem Schattenrücken

hinterher. Hat sie im Autodrom *Milan* gerufen?

Bis zum Morgengrauen verharrt er vor dem Ringelspiel, das seine leeren Sitze sanft schaukelnd an den Ketten hängen lässt. Es dreht sich in die andere Richtung, Berge, Meere, Seen und Grachten samt Windmühlen sowie Engel mit Blumengirlanden kreisen mit, und auch Milan, er und Sončice drehen sich in die andere Richtung und er hält sich hinten bei Milan fest und Sončice bei ihm und sie drehen sich schneller und schneller und die Pilzhaube hebt sich weg vom Stamm und steigt auf aus der Wiesenstadt und Milan, er und Sončice schrauben sich mit in die Höhe und streben doch weg vom Karussellschirm und lösen ihre Bügel und Ketten und fliehen mit aller Kraft in die Nacht hinaus über den Grenzberg hinweg und hinauf in das schwärzere Dunkel und Milan, er und Sončice schweben im Sogwind nach oben und gleiten auf Luftkissenrodeln die vereiste Milchstraße hinauf und blicken der blitzenden Finsternis entgegen, bis sie oben in dem Gewölbe ankommen und festfrieren als Dreigestirn im Bild des Karussells, gleich neben dem großen Autodromwagen und der verkehrten Schaukel und der kleinen Echse und dem alten Krokodil, mit Milan als größtem, ihm als mittlerem und Sončice als hellstem Stern.

Er geht erst, als im Morgenlicht der erste Münzenklauber auftaucht. Er sieht nicht mehr, wie der Albino beim verlassenen Ringelspiel einen blitzenden neuen Schilling findet. Er strahlt über das ganze Gesicht, wirft ihn mit der einen Hand in die Luft, fängt ihn mit der anderen auf und sagt: *Sončece*.

Zum Bleiburger Wiesenmarkt und Werner Berg

Anfang September findet seit über 600 Jahren der Bleiburger Wiesenmarkt statt. Als „Vergatterung des Kärntner Unterlandes" bezeichnete ihn Werner Berg und besuchte seit 1932 dieses drei Tage anhaltende Marktfest in der kleinen Stadt im Süd-osten Kärntens. Fasziniert beobachtete er, wie das Volk von überall her zum Einkauf zusammenströmte. In den frühen 1930er-Jahren waren es vor allem die marktfahrenden, mit Pferden handelnden Zigeuner, die ihn immer wieder zu Bildern anregten. Aber auch in der späteren Zeit bot sich ihm hier alljährlich für drei Tage Gelegenheit, in eine andere Bildwelt einzutauchen. Das bunte, laute und hektische Treiben des Wiesenmarktes stand in krassem, vom Maler jedoch gern gesuchtem Gegensatz zur bedächtigen Ruhe auf seinem entlegenen Rutarhof, einem Bauernhof hoch über der Drau, den er seit 1931 mit seiner Familie bewirtschaftete.

„Zu meinen Kontrastthemen gehört ganz besonders auch der Wiesenmarkt, dessen Leben in der Nacht mich ja immer besonders interessiert hat", erzählte der Künstler und ergänzte: „Zuweilen drängen sich mir Themen auf, die im Gegensatz zu dem stehen, was man von mir erwartet. Dinge, die im Gegenschlag zur rein ländlichen Welt einfach notwendig sind. Wie ich überhaupt glaube, dass die Themen in einem noch so engen Bereich durch ihre Gegensätzlichkeit gewinnen, dass das Idyllische und Romantische nie die Kraft und Aussagemöglichkeit hätte, wenn das Scharfe und Groteske dem nicht gegenüberträte."

Die fahrenden Schausteller, Budenbesitzer, Händler, die exotischen Tiere, die Wohnwägen der Fieranten, die Karusselle und Schiffschaukeln, die bunt angestrichenen Landmaschinen, die ländlichen Trinker und die Paare in den Jahrmarktzelten erregten sein bildnerisches Interesse. Am Rande des Getriebes stehend, hat er in zahlreichen Skizzen Jahr für Jahr das Marktleben dargestellt. Immer wieder studierte er die Kegelspieler in ihrem Zueinander, hielt den ernsten, höchst konzentrierten Ausdruck ihrer im Schein einer Lampe aufleuchtenden Gesichter fest. Er zeichnete die Kegelbuben, die gelangweilt nur darauf warten mussten, die umgeworfenen Kegel wieder aufzustellen. Die schier unzähligen am Wiesenmarkt entstandenen Skizzen waren dann wiederum Ausgangspunkt für seine Holzschnitte und viele seiner besonders farbkräftigen Ölbilder.

kujejo. To so záme nujne stvari, čeprav so v popolnem nasprotju s podeželskim svetom. Sploh pa mislim, da motivi v tem skrajno ozkem območju od takih kontrastov dokaj pridobivajo, da idila oziroma romantika ne bi bila tako močna in izrazita, če ne bi bila zraven še tista ostra in groteskna plat."

Potujoči razstavljavci, stojničarji, trgovci, živali iz eksotičnih dežel, firantovi caravani, vrtiljaki in ladje gugalnice, pestro lakirani kmetski stroji, podeželski pijanci in parčki v utah – vse to je bilo zanj kot slikarja povsem zanimivo. Spet in spet je študiral skupino kegljačev, njihovo ravnanje in medsebojni odnos, zabeležil skrajno resen izraz njihovih obličij, od časa do časa osvetljenih od kake svetilke ob travniku. Risal je kegljarske fante, zdolgočasene, čakajoče na trenutek, da spet postavljajo prevrnjene keglje. Tisti nešteti osnutki, ki so nastajali na jormaku, na travniku, so bili izhodišče za marsikateri lesorez in za izrecno barvite slike v olju.

HARALD SCHEICHER
(prevedel Jozej Strutz)

Pliberški jormark
in Werner Berg

Vsako leto v začetku meseca septembra je *pliberški jormak*, več kot 600 let stari sejem na travniku, ki ga je Werner Berg nekoč imenoval „skupljanje južnokoroškega podeželja". Tridnevni sejem v jugovzhodnem mestecu pod Peco je obiskoval od leta 1932. Ves začaran je opazoval, kako od vsepovsod prihaja ljudstvo po nakupih. V zgodnjih tridesetih letih so to bili predvsem cigani, trgovci s konji, ki so ga spodbujali h slikanju. Toda tudi v poznejših letih se je rade volje potapljal v ta slikoviti svet na travniku, ki je bil povsem drugačen od njegovega mirnega življenja na *Rutarjevi kmetiji* visoko nad Dravo, kjer je od leta 1931 kmetoval in živel s svojo družino.

„Eden mojih kontrastnih motivov je tudi *jormak*, pliberški sejem na travniku, čigar nočno življenje mi je bilo še posebej blizu", pripoveduje slikar. In dostavi: „Včasih se mi vsiljujejo nekateri motivi, ki so pravzaprav v nasprotju s tem, kar ljudje od mene priča-

Na drevoredu se še enkrat obrne in se vrne v mesto kulis. Tu je še nekdo, opoteka se iz temne stojnice s krofi s težkim, topotajočim korakom. Pogleda za senčnim hrbtom. Kaj je res zaklicala *Milan* na avtodromu?

Do jutranje zore vztraja pred ringlšpilom, ki se mu prazna sedala nežno zibljejo na dolgih verigah. Obrne se v drugo smer, gore, morja, jezera in kanali z mlini na veter ter angeli s cvetličnimi girlandami se zavrtijo z njim, pa tudi Milan, on in Sončice se zavrtijo v drugo smer, in on se oprime zadaj Milana, Sončice pa njega, in se vrtijo hitreje in hitreje, in gobanov klobuk se dvigne od beta in se dvigne nad mesto ob travniku, in Milan, on in Sončice se zavrtijo z njim v višave in jih le odnese proč od vrtiljakovega klobuka in se ločijo od okovja in verig in pobegnejo z vso močjo ven v noč čez obmejno goro in navzgor v bolj črno temo, in Milan, on in Sončice lebdijo v vlečnem vetru navzgor in drsijo na sankah z zračno blazino po zaledeneli Mlečni cesti in zrejo bleščavi temini naproti, dokler ne prispejo do oboka in zamrznejo kot trojno ozvezdje v podobi vrtiljaka, zraven Velikega avtodromskega voza in Obrnjene gugalnice tik ob Malem kuščarju in Starem krokodilu, z Milanom kot največjo, njim kot srednjo in Sončicem kot najmanjšo zvezdo.

Odpravi se šele, ko se v jutranji svetlobi pojavi prvi iskalec kovancev. Ne vidi več, kako albin ob zapuščenem vrtiljaku najde bleščeče nov šilinški kovanec. Ta pa žari čez ves obraz, ga z eno roko vrže v zrak, z drugo ujame in reče: *sončece.*

mizo. Ko bo Milan spet dvignil pogled, bo ravno še zagledal njegov hrbet pri vhodu, in tedaj bo Milanu že čisto vseeno, težak bo kot kamen in obsedel bo do konca in ne bodo ga več mogli spraviti ven iz stojnice s krofi.

Njega pa vleče ven izza vozov sejmarjev, ki tvorijo zid zabaviščnega mesta; tja vsi hodijo scat, in potem ko zaprejo štacuno, jih nenadoma popade otožnost, pogledajo gor k zvezdam, začutijo, kako se dviga vlaga s travnika in bližnjega potočka, kašo šumov zaslišijo, kot da imajo vato v ušesih in z zamegljenim pogledom vidijo ostanek slike zmeštranih luči za seboj, in slutijo temačno maso mejne gore v bližini in se počutijo tako nenavadno na svetu, vse sama kulisa, še streha je iz zvezd. Zmrazi jih in vleče nazaj in pozdravijo ropot in svetlobo kot starega prijatelja, kako daleč so šli, na potrebo ven v vesolje, in zdaj so spet na pivski ladji med svojimi in z glasnim zdravo posedejo za zibajočo se mizo.

Sam je. Kuščar v kleti dremlje predse, tiho potrkava pod kožo. Nosi ga stran od sanjskega mesta, a noče domov. Obvisi pri prilepljencu. Ko začne osebje pospravljati, še vedno čemi tam, skupaj z ostalimi tazadnjimi sejemskega ponedeljka, ki vsi praznični kljubujejo proti zlaganju miz in klopi, proti podiranju sejemskih stojnic, proti zapiranju strelišč, proti zadnjemu dodatku orkestra, proti ugašanju glasbe, proti končni rundi riesenrada, proti ugašanju luči na drsalnicah, proti zasušitvi stojnice s šnopsom, proti podrtju sejemskega mesta na travniku. Enkrat je zares konec, in opotečejo se nazaj v mestece. Naposled izgine še prilepljenec. Samo krokodil in živali za rešetkami so ostale še na travniku.

Prižgal je luč. Zaspan glas je rekel: Ugasni luč! Samo zasmejal se je in zapel: *I can't get no ... satisfaction.* Drugi je zaklel po slovensko, vstal in spet ugasnil luč. Zapel je oh no no no in spet prižgal. No satisfaction. Pa sta se prepoznala. Milan se je smehljal po dekliško, on pa nazaj, in je rekel obrnjen k sošolcem: *Vešda ne rabi luči, saj ne zna orenk brat!* Milan je obsedel, nasmešek ugasnjen, ni rekel nobene. Postajo pred gimnazijci je izstopil.

Zdaj pa Milan leži na njem. Zasope: *Hrbet se ti je smejal.* On sliši 'i' namesto 'ü' in trdi 'h'. Za trenutek je čisto zraven, z njim, proti njemu. Tedaj zelena desetka oplazi njun avtomobilček, da se mu zazdi, da je Sončice zaklicala *Milan!* in že zatrobi hupa in že je tu lastnik avtodroma in se dere nanju in se sklobasata iz avtomobilčka in obstaneta za trenutek omotična ob vozišču, dokler se ne oglasi spet hupanje, in on steče čez ploščad med vozečimi avtomobilčki mimo desetke in Milan za njim čez zabavišče med šotori mimo velegugalnic in pod vrtečim se ringlšpilom vzdolž proge za gokarte do Grešnega kozla in naprejnaprej okoli prilepljenca do stojnice s krofi, plane vanjo in se zadere: *Ta me hoče pretepst!* in se ustavi v zadnjem kotu. Ja, saj ve, premlatiti ga hoče Milan, do njega bi rad, zdajzdaj ga bo zagrabil, zadaj ne more ven, kar zagleda, da so se trije dedci postavili Milanu na pot, mu prigovarjajo, ga prijemajo z rokami, govorijo nemško in slovensko, ga pa ne spustijo skozi, in Milan ga zagleda skozi ves šotor, skozi kupe na vlaku, vzpne se, pa ga držijo pobesnelega, zadaj je obstal pri ponvah z oljem, bled kot testo, in ne reče nobene, pa Milana z govorjenjem zaustavijo, še se upira, a že bolj šibko, nekdo mu stisne kozarec v dlan, ki ga na zic izpije, neka teža je, ki tišči Milana dol, ali so to ti trije, ki ga tiščijo na klop, dajo mu naslednji kozarec, ki ga spet popije na eks, in položi glavo na

bližine drug drugega, nemočen plazilec ob robu vibrirajoče ploščadi. Pa spet stari domači vonj, ki ga nikoli ne bi uspel opisati, ker je tako podoben njegovemu lastnemu.

Milan je, ki je takrat prišel v drugi razred ljudske šole, eno leto starejši od ostalih in veliko večji. Prišel je od spodaj, iz kraja izza mejne gore. Nemško je znal bolj slabo. Mama je prišla z njim za novim možem, Slovencem od tu gor. Prevzela sta trgovino nasproti hiše njegovih staršev. *Zdaj se bodo Slovenarji še tu ugnezdili*, so govorili v mestecu. Milan je imel težak, topotav korak, neroden, skoraj dekliški nasmeh in zraščene obrvi. Bil je močan. Imela sta isto pot v šolo. Nikoli nista šla skupaj tja, vedno pa skupaj nazaj. Bil je zadnji, ki je pospravil zvezke, sezul copate in si zavezal čevlje; Milan je počakal. Na domovih se nista obiskovala. Zaslišal je Milanov glas in tujedomače glasove sosednega jezika, kadar je bil na vrtu. Na poti domov je razlagal on, Milan je poslušal. Lahko pa je postal tudi drugačen. Mlajšega je porival po pločniku, ga spotikal, ga suval, ga frcal po glavi. Pa tudi sam je lahko postal drugačen. Tedaj je ščipal in praskal in grizel Milana z besedami. Nekoč je ta prijel coklo in ga počil s tako silo po nadlahti, da se je odtis pete poznal dneve dolgo na koži. Ves ponosen je nosil tetovažo, bilo mu je, kot da je dobil darilo. Pri pouku ga je starejši čuval, hitrega jezika in zbadljivk poln je druge pogosto znal spraviti v popoln bes. Kdor pa se je norčeval iz Milana in njegove nemščine, mu je on brž zaprl gobec.

Po ljudski šoli sta se zgubila spred oči. On je bil vozač na gimnaziji v deželnem glavnem mestu, Milan je šel nazaj čez mejo. Znova sta se srečala pred poletnimi počitnicami. Sedel je na jutranjem vlaku z ostalimi gimnazijci, kot vedno v zadnjem vagonu.

Vozi rdeči avtomobilček s številko 3. Iz zvočnikov doni *I can't get no satisfaction*. S polnim gasom se zaletava v ostale avtomobilčke in vpije in juhca in se reži ob karambolih in ko ga odbije nazaj. Vojščak avtodroma je na lovu s svojo kletno živaljo, zasledovalec brez milosti v avtomobilčku z gumijasto klobaso naokoli, žene ga kitarski rif avtodromske himne, zasvojen po še naslednjem karambolu. Trenutki, preden se frontalno zabije v avtomobilček, v katerem sedita dekleti, njuno vreščanje, široko razprte oči, tresenje ubijalskega kuščarja ob naletu, cviljenje punc, ko ju vrže naprej, on in oni dve, sunek nazaj, ona in on, žaganje kitare in njegovo tuljenje *heyheyhey, that's what I say*. Blaženost. In šele zdaj pri odboju nazaj mu vklopi: punca za volanom zelene desetke, saj to je ona! In že ga napiči nekdo od zadaj in ga zabriše naprej in se poči v koleno na volanu da mu stopijo solze v oči in hreščeče zatrobi hupa za konec in on se skotali z avtomobilčkom na rob in iz žaganja zvočnikov razbere: *hitro izstopite!* in takoj za tem: *brž vstopite!* in zleze iz rdeče trojke in odšepa k zidu iz gledalcev. Vsi njegovi žetoni porabljeni, ona pa je ostala v zelenem avtomobilčku. Hupa znova rezko zadoni, avtomobilčki zarožljajo v gibanje, gleda za desetko. Skozi štrlečo zmešnjavo iskrečih se odjemalcev za tok zagleda poba albina, ki kot hipnotiziran bulji v zmedo na vozišču. Kaj ne dobi denarja za na sejem? Oče nima dela. *Uničen v eni sami noči, govorijo v mestecu. In ko je drugič, je imel moči v ledjih samo še za bledolikega.*

Naenkrat krepak udarec od zadaj. Za trenutek se mu v glavi vse ustavi. Zvrne se v odstavljeno trojko, ki je ostala nezasedena. Ta, ki ga je sunil, se spotakne in pade čezenj. Obležita drug na drugem v rdečem avtomobilčku, štiri roke, štiri noge, omotična od

Sejemski ponedeljek

/22

zvon krila. In odlebdi z njim čez travnik in mestece in vas, vrtljivo bedro, vlek v naroč-
ju in vrtoglavi reptil, vsenaokrog v vrtiljak, vetrovni vrtiljak, veliki veselični vetrovni
vrtiljak.

Naenkrat obleži na tleh. Albin ga začudeno gleda. Takoj spet vstane. Kak nalitež
se je moral zaleteti vanj. In spet prihaja ona, a manj hitro. Njena postava ni več zab-
risana. Vetrnemu krilu je zmanjkalo zraka. Lasje ne frfotajo več. Zdaj spet sedi pred
njim. Lica ima bolj rdeča kot prej. Malo se še ziblje. Obrne glavo, ga pogleda. On zardi,
pogleda v tla. Kletna žival se trese. Kakor jo spet pogleda, se izvije iz sedenja, krilo se
ji pomakne navzgor. Sestopi tri stopnice po podestu. Neodločno obstane na travniku.
Gre. Pa zazna za sabo, piš v tilniku, domači vonj. Gleda za njo, ne sledi ji. Še vedno čuti
sapo, a se ne obrne. Gleda za njo, dokler se ne izgubi med ljudmi, in ko se ozre, ni ni-
kogar, samo bolj zadaj je Grešni kozel, ki spet eno faše.

no meditacijo hmelja in sladu. Dlje ko se vleče praznovanje, negibnejši postaja, le tu in tam mu roka še seže po kozarcu. Pivskemu mojstru z vse daljšimi brki iz pene izrazi, kakor vsi, svoj poklon, a ta ne pozdravi nazaj.

Po vsakem obhodu sejmišča se ustavi pred velikim vrtiljakom, ki je od daleč videti kakor ogromni goban, ki mu klobuk sega preko stojnic, kabin in ut. Pokrov ima poslikan: venec krajin z gorami, plažami, jezeri, kanali skupaj z mlini na veter. Bet čarobnega gobana je prav tako poslikan: angeli, mladeniški in skoraj goli, povezani s cvetličnimi girlandami, pred modrino, iz katere tu in tam zaštrlijo glavice puttov. Vse to se spet in spet vrtinči v drvečem nebu, skupaj s potniki, ki pustijo vse za in pod seboj in zblaznijo kot vse mestece, ki se tri dni suče na mestu, derviš v ohlapnem svečanem oblačilu.

Zdaj pa še stoji veliki vrtiljak. Zraven sebe opazi albina. Belolasi je dete sejmišča, trdijo v mestecu. *Njegov oče je v isti noči spočel še enega, z eno od spodaj, stanuje takoj za mejo.* Ozirata se navzgor h priklenjenim. *Tako se zgodi, če se ne znaš obvladati,* je rekla mati — s tem pogledom. Pa jo zagleda. Njene noge v počasnem posnetku grabijo po zraku. Kletni kuščar ščiplje, praska in grize. Zasliši se zvonjenje, podobno šolskemu. Nato šine sunek skozi njeno, skozi njegovo, skozi kuščarjevo telo. Najprej izgine izza vrtiljakovega beta in se spet prikaže. Lica ima pordela, to zapazi, preden ona spet zakroži proč. In zakroži nazaj z iztegnjenimi nogami. In se vrne s plahutajočim krilom. In se zavrti stran pa spet nazaj z lebdečimi lasmi. In je hitreje nazaj in hitreje stran. In se vrti v vedno širših krogih. In postane rjavordeči zabrisani zamah in modroplahutajoči

Naslonjena je na ograd pred velikimi gugalnicami. Ploha je mimo. Sonce posveti med oblakoma in potopi travniško mesto v ostrojasno svetlobo. Za njo se par prične gugati. Njen obraz je pordel in se sveti v soncu. Nogo ima oprto, sprednjo pod kotom, roke v žepih jopice. Z obraza ji prihaja žarenje. Okoli nje ropot travnika, sama je pri miru. On je za dolžino sejemskega šotora stran. Ali ga čaka? Njemu je jasno: ona je iz vasi, z drugega konca travnika. Tam živijo *zadrti Slovenarji*, kot pravijo v mestecu. Občasno obrne glavo vstran, čisto malo, in takrat se ji rjavi kodri z rdečim sijem rahlo zatresejo. Sicer je pri miru. Za njo se par guga vse višje. Njen pogled uprt v dalj, v obmejno goro. Trdno jo drži. Trdno ga drži. Tiho je, sredi slavja je tako tiho. Kletni reptil je povsem buden, pa vendar – pri miru je. Ona je iz vasi, on iz mesteca, vmes pa je travnik. Njena lica so rdeča, skoraj vročična. Sonce ima na obrazu. Za delček sekunde obvisi par navpik v zraku, prekuc, kot zamrznjen. Potem se gugalnica zaniha naprej. Po glavi mu odzvanja beseda, spomni se je od tiste, ki pospravlja: *sončice.* Ali pa *sončece?* Kakor nemško Sonne? V mestecu ne marajo, da bi se otroci učili onega drugega jezika. Njemu pomeni le zven, včasih pa mu ostane kaka beseda. Sončice, mrmra, zanj je *ona* Sončice. Spet ta vonj. Nekaj ga sune. Opotekaje zasliši plosk po šotorskem platnu in hkrati svoje ime. Zagleda poba albina ob vhodu in šele zatem sošolce. Odvlečejo ga v šotor. Poblisne nazaj. Mu maha? Par za njo stopa z gugalnice.

Kasneje tava po zabavišču in jo išče. Kuščar vohlja in sili naprej. Pri prilepljencu se spet obrne. Ta čepi dopoldne, popoldne, zvečer in ponoči ob vhodnem šotoru pred kriglcem, vse tri dolge dni praznovanja, prvi in poslednji gost sejma, zatopljen v last-

Sejemska nedelja

ga potisne naprej. Žival iz kleti tako blizu ob njej. Vonj od zadaj. Lica vsa žareča. Bliže. Stran. Ne. Ja. Ona. Kuščar. Ja. Ne. Ja. Čisto pri miru. Čisto – pa mu stopi nekdo na peto, začne se ploskanje, spet ta vonj, njegov ava! se zlije z govorjenjem mnogo tisočev jezikov, ki ga zdaj posrka hrumenje sanjskega mesta, ki bo trajalo tri dni; odvlečen, odgnan od nje tiči že ves notri, in žre in žlampa z znanci in neznanci in se reži po šotorih in se vozi po drsalnicah in se mu medli od zvokov in vonjav in vse kuščarije; in zavoha skozi sladkorno peno in kislo zelje in izpuh gokartov in travniško vlago dih las, na vseh progah in v vseh šotorih, slutnjo samó, znamko vonja, ki jo zaznava žival v kleti.

Ves travniški čas nemo leži, krokodil. Ko gre mimo rešetk, zaštrlijo nabrekline očes iz močvare, kjer je nekoč bilo mesto, vas, travnik. Leden piš ga oplazi v ropotni vročini in praznični kuščar se umakne pred molčanjem kletke.

Tu je, na preži, nemrtvi, kralj veseliškega mesta.

In vlada početju.

V soboto je ognjemet. Vsi stojijo na tesno v gneči drevoreda, mejne črte med mestecem in mestom ob travniku. Sam je šel tja; njegov najboljši prijatelj nekaj časa že hodi s punco.

Kakor eksplodira na nebu prva raketa, mu dekle pred njim nasloni glavo na prsi. Vedno znova frčijo v zrak granate, se v zraku z ostrim pokom raztreščijo in prilebdijo kot slap vseh barv na tla. Dekle mu tilnik spušča na prsi, gleda pisano frčanje nad sabo in ga spet dvigne, ko razsvetlitev mine. Tudi sam se naslanja na nekoga za seboj, čisto nalahko, jasno nejasno začuti moško telo, zazna vonj.

Medtem ko jalova raketa žalobno sika po nočnem nebu, dobi od zadaj v kolenski zgib udarec, da se skoraj zloži. Ob njem stoji poba albin. Že žvižgajo nove rakete v vis in se razpočijo elegantno in vse potopijo v rdeče. Lasje dekleta vzplamtijo, nasloni se nazaj, on pa se nagne čez njen pordeli obraz, nakrivljeni sekalec, globoke oči, ona! Pogledata se, za trenutek samo, on začuti kot dih tanan vrtinec med njunima obrazoma, dotik dihov, kuščar se razteguje, on zagleda rdečino, da bi vanjo potonil, in že zbledi padanje barv nad travnikom, njen obraz ugasne, glava se spet odmakne in le tuje domači vonj od zadaj ostane v brezsvetlobju. In ko prasketaje pošljejo v zrak vso sklepno baterijo raket, mu ona položi glavo na prsi, kjer obmiruje, dokler ne mine toča barv. Ona gleda v nebo in on v njen obraz. Spet začuti tresenje zraka med njunimi usti.

Ko ugasne še zadnja kaplja svetlobe, obmejna gora omahne nazaj v temo; in za trenutek je smrtna tišina in črna tema v dvojnem mestu. Srce mu razbija v njene lase in glava se mu nagne naprej kar sama od sebe. Sluti njen dih, voha njene lase. Nekaj

Sejemska sobota

/8

Ni je več, pred njim je krokodil. Kar leži tam, ves kačje tolsto luskast in je čisto pri miru. Nikoli ni noben obiskovalec sejma videl, da bi se premaknil. Okamnelo leži v kletki in je celo preživel smrt.

Prvi voz je že na travniku! Odkar mu je albinček zaklical te besede, mu kuščar v kleti ne da več miru. Obor iz vozov pričenja rasti zunaj obzidja, ki je bilo nekoč mestni okop. Le eno si želi: ven in na travnik, kjer se pričenjajo širiti stojnice in sejemski šotori in drsalnice, kjer kamioni in traktorji, vozači in dninarji, birti in društva s šotori in lopami z vseprisotnim sejemskim mojstrom postavljajo sen iz kulis, trezno in brez naglice. Kot pred čudom se zaustavljajo vaščani in strmijo, kaj je čez dan, pa vendar kakor čez noč prišlo še vse zraven.

Tri dni pred pričetkom praznikov se prikotalijo razstavne živali. Kuščar je ves razburjen. Pol mesteca gleda, kako bo mesto ob travniku dobilo pragozdni rezervat. Še iz vasi, na drugi strani travnika, se valijo ljudje. Na poti k razstavi živali sreča albinovo mamo. Medtem ko mu pospravlja sobo, prepeva slovenske pesmi. Kletna žival ponoči pušča sledi. Je mama pri pospravljanju kaj odkrila? Starši ne smejo vedeti za kuščarja v hiši. Pozdravi in zardi. Punci iz njegovega razreda stojita hihitaje se zraven krotilca, kača se mu ovija okoli roke s tetoviranim dekletom v bikiniju. Zakliče jima, zanju je zrak. Divjina je v kletki in zaspana je. Ob njem se pojavi albin in mu šepne besede, ki jih bo med prazničnimi dnevi napovedovalec hreščal v megafon: *najstarejši krokodil na svetu!* Na drugi strani stoji punca iz vasi. Na videz jo pozna. Skozi rešetke ga pogleda in se nasmehne. Desni prednji zob ji raste krivo čez levega, čisto malo. Kuščar v kleti se strese. On se smehlja. Kuščar moli ven jezik. On molči naprej, pogleda stran. Sredi izparin divjih zveri ga oplazi nenavadno domač vonj in preden ugotovi, odkod prihaja, ga nekaj surovo potisne vstran, delavec vodi mimo polstenega dromedarja z uplahnjeno grbo, za njim trop vreščečih otrok.

Izdajo knjige so podprli:
Franz Wohlfahrt, Predsednik upravnega odbora NOVOMATIC AG
Kultura dežele Koroške
Tržna občina Pliberk/Bleiburg
Knjigarna Magnet, Velikovec/Völkermarkt

Botrstvo za knjigo: Gottfried in Gerhilde Stöckl

Naša posebna zahvala gre dr. Haraldu Scheicherju!

Hugo Ramnek
Semanji vrtiljak

Iz nemščine Brane Čop

Založba **Wieser**

Naslov izvirnika:
Hugo Ramnek, Kettenkarusell

©Wieser Verlag GmbH
Klagenfurt/Celovec 2012

Založba Wieser
A-9020 Klagenfurt/Celovec
Ebentaler Straße 34b
Telefon +43(0)463 37036
Fax +43(0)463 37635
office@wieser-verlag.com
www.wieser-verlag.com

Copyright © by Založba Wieser
Celovec 2012
Vse pravice pridržane

Copyright © za risbe Wernerja Berga ima
Künstlerischer Nachlass Werner Berg
A-9100 Völkermarkt / Velikovec

Oblikovanje ovitka in knjige: Gottfried Moritz

ISBN 978-3-99029-041-5

Hugo Kämpf
semänji vrtiljak